SOY PAS

Persona Altamente Sensible
"El Descubrimiento"
1ª Parte

www.robertomontes.es

Roberto Montes 2018
Impreso en España
Depósito legal: MU2018
Nº Registro: 442/2018
ISBN: 9788494843235
Edita Roberto Montes
Diseño gráfico y portada: Roberto Montes
Edición de textos: Roberto Montes
Todo el contenido de este libro es propiedad intelectual de: Roberto Montes

RARO/A

DÉBIL

OVEJA NEGRA

EXTRATERRESTRE

TÍMIDO/A

VULNERABLE

DIFERENTE

INCOMPRENDIDO/A

SENSIBLE

LLORICA

ETC, ETC, ETC...

Índice

Índice   15
Introducción   17
Autobiografía de un PAS   21
Infancia PAS   37
Como caída del cielo   41
Dar a conocer el rasgo   45
El origen   49
¿Qué es la alta sensibilidad?   51
Los cuatro pilares básicos   59
Los test   61
Niños PAS   67
Hombres PAS   77
Relaciones de pareja   89
Editorial   95

INTRODUCCIÓN

Hace muchos años que observo a las personas, sus actitudes, comportamientos, caracteres y sobre todo, las cualidades y valores que aplican en sus vidas.

Pienso que no hay buenos ni malos, todos exteriorizamos lo que vivimos en nuestro interior. Todos somos lo que sentimos, lo que pensamos y ante todo lo que nuestros genes aportan en cuanto a nuestro rasgo de personalidad.

No hay duda de que traemos de forma innata, una herencia genética, nos guste o no, viviremos con ella y será un condicionante en nuestras vivencias a lo largo de nuestras vidas.

Nuestro instinto de supervivencia nos hará más o menos egoístas, incongruentes, luchadores, protectores, avariciosos, líderes, deshonestos...

Nuestro cerebro primario o reptiliano está programado para ello, pero no es el único cerebro que tenemos, la evolución ha desarrollado el límbico y el racional o neocortex.

Es en el límbico donde se generan nuestras emociones básicas.

Pero bueno, este libro no es para hablar de cerebros, sino de emociones, sobre todo, las que sienten aproximadamente el 20% de la población, que es el porcentaje de las personas PAS, personas con una sensibilidad especial en muchos aspectos de su vida y de su ser.

Ser PAS es algo maravilloso, es un DON, es un rasgo de personalidad. No es nada malo, no es una enfermedad, no hay nada que curar ni cambiar, tan solo una forma de ser, que cuando la descubres, cambia tu vida por completo.

Las personas PAS, sienten que son diferentes y como minoría en la sociedad, se sienten personas vulnerables, raras e incomprendidas.

En cambio, visto desde otro prisma, la sociedad y el mundo sería mucho mejor, más armónico y pacífico, si existieran muchas más personas PAS.

Hay un lema que todos los PAS deben aplicar y el resto comprender:

"Ser PAS no es sinónimo de DEBILIDAD"

Ser altamente sensible significa, tener la capacidad de emocionarse más que la mayoría de la gente. También que tener una sensibilidad especial en las cosas sutiles y los pequeños detalles que para los demás pasan desapercibidos. Las personas PAS suelen ser muy empáticas, con una gran capacidad de escucha y muy intuitivas. Debido a la gran información que perciben se suelen saturar con facilidad. Cuando no se tiene conocimiento del rasgo, no se llega a entender la diferencia con el resto de las personas, se sienten en minoría e incomprendidas., no entienden por qué le molestan, duelen o afectan algunas cosas que a otras personas les deja totalmente indiferentes.

Ser PAS es tener un DON especial.

Ser PAS es algo maravilloso.

Descubrir que eres PAS te abrirá muchas puertas, tendrás las respuestas de preguntas que ni siquiera te habrás planteado, te ayudará a que puedas llevar una vida acorde a tu rasgo y así poder trabajar tu autoestima, y todo esto te ayude llevar un vida más sana y equilibrada emocionalmente.

No todas las personas que son altamente sensibles tienen claro que son PAS, aunque sí saben que son diferentes desde una edad muy temprana.

Si tan solo el 50% de la población fuera PAS, el mundo sería muy diferente.

AUTOBIOGRAFÍA DE UN PAS

Desde que tengo uso de razón, me recuerdo como una persona con muchos sentimientos, y sobre todo siempre a flor de piel.

Hace aproximadamente dos años y medio, en una reunión de terapeutas conocí a una mujer que me llamó su atención y más aún cuando en su presentación dijo que era médium -entre otras cosas más-.

Al finalizar la reunión, ella me miro y me pidió que le dejase mis manos, así lo hice. Unas manos con muchos años, mucha sabiduría y un don especial; las mantuvo durante unos minutos y de repente, me miró de nuevo y me preguntó de forma afirmativa:

_¿Tú sabes que tienes un Ángel de la Guarda?

A lo que incrédulo por sus palabras, yo le contesté que no.

De nuevo ella me dice:

_Es un hombre que murió hace tiempo, de tu familia, él te está cuidando, está siempre a tu lado. ¿Sabes quién puede ser?

Yo le dije que podría ser mi padre, él había fallecido con 49 años.

Y ella me dijo que no era mi padre, sino un hombre de más edad, mi respuesta fue inmediata, o mi abuelo por parte de madre o por parte de padre, ella me dijo, ese es, tu abuelo paterno. La conversación, por falta de tiempo, quedó en poco más.

Para ser honesto, esa conversación y testimonio, me dejo mucho que pensar y reflexionar, tanto así, que casi un año después, decidí hacer una llamada telefónica a mi tía.

Tanto mi padre como su otra hermana ya habían fallecido y a pesar de tener a mi tío, pensé que ella tenía las respuestas que yo necesitaba.

Una mañana, me llegó su imagen a la mente y no quise esperar más, miré mi agenda y marqué su teléfono:

Hola tita, ¿cómo estás?

_Hola sobrino, pues como siempre, aquí en mi sillón.

Tita, quizás te sorprenda el motivo de mi llamada, pero me gustaría saber cómo era mi abuelo Antonio.

Ella no dudó en responderme sin más dilatación:

_*Recuerdas como era tu padre de bueno, pues multiplícalo por la cantidad que quieras, así era tu abuelo.*

Le conté mi conversación con aquella mujer y no se sorprendió.

Inmediatamente, ella me preguntó si recordaba algo de mi abuelo, ya que yo tenía cuatro años cuando falleció.

Yo le dije que lo que recordaba, era su silueta al contraluz, delante de la ventana y sentado en su silla de ruedas, y poca cosa más.

Ella empezó a contarme y a darme detalles.

Me contó, que yo estaba siempre a su lado, que le ponía las zapatillas y le movía las piernas cuando se cansaba, que me gustaba llevarle su vaso de leche, y que a veces me sentaba en sus piernas y mirábamos los dos por la ventana. Cuando él falleció, después del velatorio, los compañeros de mi padre ayudaron a sacar el ataúd de casa para ir al cementerio, esos compañeros cuando volvieron a casa días después de visita, no fueron bien recibidos por mí, no les dejaba pasar a casa, decía que eran malos, que se habían llevado al abuelo y que ya no volvía.

Después todo lo que mi tía me relató, añadió:

No me extraña que sea él quien ahora cuide de ti.

Mi tía me dijo que tenía mucho que contarme, que fuera unos días al pueblo y que hablaríamos, también me comentó que mi prima, mi alma gemela, también sabía muchas cosas y que era igual de especial que yo.

Decidí poner fecha a mi viaje, para quince días después, una semana antes, sufrió una caída en casa, no muy grave, pero las cosas y la edad lo complicaron todo y falleció en el hospital siete días después.

El destino fue caprichoso para que me pusiera en contacto con ella y poco después me privó de saber aquello que mi tía en su momento no me dijo.

Ya en el entierro, mi prima vino desde Holanda al entierro de su madre, pudimos intercambiar algunas palabras e información valiosa que los dos desconocíamos. A día de hoy, tengo una gran conversación pendiente con ella.

Llevé un tiempo en el que se me aparecía la imagen de esta señora médium, hasta que un día quedé con ella. Esa conversación fue mucho más intensa y concluyente en ciertas cosas, me aportó muchísima más información que he podido usar hasta el día de hoy.

Entre mi abuelo y yo, a pesar de no ser consciente de ello, había una conexión especial, un grado muy alto de empatía, una de las características más especiales y relevantes de las personas PAS.

Hay algo muy especial que recuerdo de pequeño y que me ha hecho pensar toda mi vida sobre esa sensibilidad emocional que tengo, nosotros somos cuatro hermanos, tres chicos y una chica, la mayor, lógicamente éramos niños y revoltosos, mi madre cuidaba de su suegra y de nosotros, mientras mi padre, (de profesión militar), estaba siempre navegando en el submarino; no fue fácil para ella criarnos.

Recuerdo que a veces nos peleábamos y dábamos disgustos a mi madre, cada vez que eso ocurría, fuese o no responsable de ello, por las noches siempre lloraba de remordimiento, de ver a mi madre sufrir, es algo que no podía soportar emocionalmente, me ponía en su lugar y sufría por ello. Recuerdo como ella a veces, hablando con amigos, decía que yo era el más revoltoso, pero que era el que más sentimientos tenía. Eso hacía que yo también comprendiera la conexión especial que teníamos los dos.

Ella falleció hace cuatro años, precisamente el mismo día que me llegaba en el transporte, mi primer libro, "El valor de los valores", me hicieron la entrega en el mismo tanatorio, no pudo ni verlo.

La noche anterior, estando hospitalizada, nos llamaron para decirnos que le quedaba un hilo de vida, que fuéramos los cuatro hermanos a acompañarla en sus últimos momentos. Recuerdo ser el último en llegar, sé que me estuvo esperando, la agarré de la mano y acariciándosela le dije que la quería, algo poco común en nuestra familia, algo que hasta ese momento al menos yo, no éramos muy de demostrar el afecto familiar, cosa muy contraria por lo que mi padre trabajó y nos inculcó de pequeños hasta su muerte.

Al poco rato de estar allí y ya que no soy muy amigo de los hospitales, salí fuera a tomar el aire, cinco minutos fueron suficientes, para que mi madre, aprovechando mi ausencia decidiera marcharse, ya se había despedido y no quiso que yo estuviese presente en su último suspiro.

Así lo siento y creo firmemente, que así fue.

Tengo una plena certeza, que tanto mi abuelo, como mi padre, eran personas PAS, no sé realmente hasta que punto lo pudiera ser mi madre, lo que sí tengo claro, es la gran mujer y madre que era.

Mi padre desde pequeños nos educó para ayudar en casa, él era el primero que predicaba con su ejemplo, era ordenado, correcto, respetuoso y muy detallista. Por las noches se dejaba su uniforme planchado y bien situado en una silla para que no se arrugara, ahora entiendo yo, por qué no me gustan las arrugas en la ropa. Cuando íbamos a la playa siempre llevaba agua y un cubo para limpiarnos la arena de los pies a todos; en invierno, cuando íbamos a mi pueblo en Córdoba, nos calentaba la cama con el secador ya que las sábanas estaban como húmedas.

La verdad es que podría escribir todo un libro hablando de sus detalles, de lo ordenado, hasta para colocar todo el equipaje en un maletero, -misión imposible para muchos-.

Y te preguntarás, ¿por qué cuento todo esto?

Pues, simplemente, porque considero que son cualidades y características de los PAS. Yo no lo había relacionado con eso, pero al ver a mis hijos crecer y ver sus detalles, cómo yo he sido toda mi vida, y ahora al conocer muchas de las características del rasgo, me siento y los siento muy identificados con ello. Seguro que en muchas cosas tú también.

El rasgo pas abarca muchas características que poco a poco irás descubriendo e identificándote con ellas. No sólo hablamos de los cinco sentidos, oído, vista, tacto, olfato y gusto, sino que además tenemos el sexto sentido o la intuición mucho más desarrollada de lo normal. Cualidad que todos tenemos, aunque unas personas más que otras, y que se puede trabajar.

Recibimos más sensaciones, somos más sensibles y sensitivos en todos los aspectos, como yo siempre pongo de ejemplo, la personas no PAS tiene una antena analógica por donde recibe la información, nosotros los PAS, tenemos la analógica, la digital, el bluetooh, el wi-fi, el morse, y si fuera poco, hasta las señales de humo y el tan tan.

Recibimos señales por todos los costados, y eso satura y mucho; de ahí que a veces tenemos que retirarnos aunque sea unos minutos para desconectarnos y minimizar la sobresaturación sensorial.

Una personas PAS, es capaz de percibir el mal rollo o mala energía en un lugar, presentir que ha pasado algo, y aunque no sepas qué, algo te está llegando. Somos incapaces de ver un cuadro torcido y no ponerlo derecho, de ver que a una persona le incomoda una luz y levantarnos para cambiarla de posición y que deje de molestarle, (aunque a la propia persona que le molesta, no lo haga).

Nos molestan las manos sucias o la arena, las etiquetas de la ropa, los sonidos estridentes, los fuertes olores o sabores, la acumulación de mucha gente, ponernos delante de otras personas para hablar o cualquier otra actividad, etc, etc...

Son tantas cosas que iré desvelando poco a poco que nos vamos a familiarizar con muchos detalles que ahora ni apreciamos, pero eso simplemente, es ser PAS.

Sí que hay que tener algo en cuenta, no todos tenemos el mismo nivel en los diferentes sentidos.

Eso no quiere decir que seas más o menos PAS, simplemente que también somos diferentes en esos aspectos, que el hecho que no te molesten las etiquetas o ropa muy sintética o áspera, no quiere decir que en otras características no destaques más.

Hay personas que no les importa ver un telediario aunque les afecte ciertas noticias y otras que no ponen ni la televisión, nos pueden emocionar películas, obras de arte, escenas o la música, en seguida nuestros ojos nos delatan cuando comienzan a humedecerse más de lo normal y notamos como todas las células de nuestro cuerpo comienzan a hablar.

Haciendo un viaje por mi adolescencia, recuerdo una canción de Supertramp:"Hide in your Shell Escóndete en tu coraza".

En la actualidad, todavía no hay vez que la escuche y no se me salten las lágrimas, es una de las canciones de mi vida desde que tenía 15 años, sin apenas saber inglés, ni entender nada de lo que decía, me transmitía algo especial, un sentimiento y una sensibilidad que estaba seguro que quería decirme algo y que me erizaba la piel.

Después de tantos años, he querido rescatarla y ver la traducción exacta de la letra, y efectivamente, algo me decía y me dice. Sin lugar a duda, lleva un gran mensaje de motivación y superación implícito en ella.

Quiero compartirla contigo, aquí te dejo un texto de introducción y su letra, en español, te recomiendo que la escuches con auriculares y sin su traducción, primero, siéntela.

_El muy recomendable libro "Atención Plena" de Winifred Gallagher acaba diciendo: "La mejor estrategia para saborear la vida consiste en aprender a prestar atención plena, decidiendo con cuidado, de forma activa y voluntaria, dónde la *pones. Para perfeccionar esa destreza, Bryant propone tomarse unas 'vacaciones diarias': pasar de veinte a treinta minutos concentrados en algo que nos hace disfrutar o que pudiera gustarnos, pero nunca hemos intentado. Al final del día, recordamos la experiencia, nos felicitamos por tan agradable intermedio y planeamos la del día siguiente. Al cabo de siete días, la mayoría de la gente dice: 'iHe tenido una semana estupenda! iOjalá siempre fuera así!' Bueno, ¿y por qué no? [...] Parafraseando a John Milton en su poema El Paraíso Perdido: '¿Cielo o Infierno?' (refiriéndose a ambos estados de ánimo). Depende de dónde pongamos la atención".*

Posiblemente se refería a eso Roger Hodgson, el alma de Supertramp, cuando escribió esta canción, de la que parece estar especialmente orgulloso. No es para menos. Un gran músico y compositor destacado por su sensibilidad a la hora de escribir las letras de sus canciones.

SUPERTRAMP Hide in your Shell

Escóndete en tu coraza

Por qué el mundo está fuera esperando aprovecharse de ti.

¿Qué ganarás haciendo tu vida un poco más larga?

Cielo o Infierno,

¿Fue el frío del camino el que te dio esa mirada de acero?

O fue el refugiarte y fingir que eras frívola.

Demasiado asustada para escuchar a un extraño.

Demasiado bella para poner tu orgullo en peligro.

Estás esperando a alguien que te entienda.

Pero aún conservas fantasmas del pasado.

Y estás deseando enterrarlos.

Diciendo que la vida ha empezado a burlarse de ti.

Y que tus amigos sólo quieren derrotarte.

Aférrate a aquello por lo que luchar.

No retengas las lágrimas.

Porque es momento de que tomes el control.

Si puedo ayudarte, si puedo ayudarte... Sólo dímelo.

Deja que te enseñe la señal más próxima

Para que tu corazón retome el camino.

Si puedo ayudarte, si puedo ayudarte...

Házmelo saber. Las noches enteras que pasas en vela.

¿Qué necesitas? ¿Una estrella de cine trasnochada que te mantenga?

Cuando era pequeño creía en el dicho de que la cura del dolor era el amor.

¿Cómo sería si pudieras ver el mundo a través de mis ojos? Demasiado aterrador, el fuego se está apagando. Demasiado bonito, pensar que te haces mayor.

Estás buscando a alguien que te dé una respuesta.

Pero lo que ves es sólo un espejismo.

Estás rodeada de confusión,

Diciendo que la vida a empezado a burlarse de ti.

Y que los amigos sólo quieren derrotarte.

Aférrate a aquello por lo que puedes luchar.

No retengas las lágrimas.

Porque es momento de que tomes el control.

Si puedo ayudarte, si puedo ayudarte... Sólo dímelo.

Deja que te enseñe la señal más próxima
para que tu corazón retome el camino.

Si puedo ayudarte, si puedo ayudarte,

Sólo házmelo saber. Quiero saber... Quiero saber...

¿Me dejarás conocerte? Quiero conocerte,

Quiero sentirte. Oh, quiero tocarte

Por favor, déjame estar cerca de ti.

Déjame estar a tu lado. ¿Puedes oír lo que canto?

Estoy esperando, soñando, rezando...

Sé lo que estás pensando. Veo lo que estás viendo.

Nunca jamás te abandones.

Contente, ¿por qué no te tranquilizas? ¿Por qué no me escuchas? Puedes confiar en mí.

Hay un sitio al que sé llegar.

Hay un lugar en el que no tienes que sentir...

Sentir que estás sola. Oh, ¿puedes oírme?

Sé exactamente lo que estás sintiendo

Porque todos tus problemas los tienes dentro.

Así que empieza a darte cuenta de que yo también estoy sufriendo. Quiéreme, quiérete

El amor es el camino para ayudarme y ayudarte.

¿Por qué tenemos que ser tan fríos?

Oh, ¡somos tan tontos...!

Somos tan malditamente idiotas...

La empatía es una de las características principales de la alta sensibilidad y uno de los mayores quebraderos de cabeza, por sufrir por lo que sufren los demás, sin necesidad de tener que estar pasando por lo mismo.

Ponernos en su lugar, ya nos provoca la misma emoción.

INFANCIA PAS

Otro de los episodios de mi infancia y que marcaron gran parte de mi vida, fue el colegio.

Como hijo de militar que era, iba a un colegio de la marina, en aquella época las clases y los patios estaban separados, los niños por un lado y las niñas por otro. A la hora de hacer deporte, el futbol era el preferido para todos menos para mí, la pelota siempre venía a mi cara y con ello, la rotura de mis gafas, pasé por varios deportes, siempre de pelota, pero no me reconfortaba ninguno de ello, las peleas, la rivalidad o la agresividad en el juego, no eran mis aliados. La mayoría de los días, terminaba saltando la verja y pasaba al patio de las niñas, donde todo era diferente y me hacía sentir mejor. Cuando salíamos del cole, nos juntábamos las pandillas de amigos y jugábamos un rato hasta la hora de comer, o por la tarde casi hasta la hora de cenar, no me lo pasaba mal, pero volvía a ser lo mismo, juegos maltratando a los animales, peleas y otros malos rollos, por lo que como de costumbre, mis mejores aliadas eran las niñas.

Yo no me sentía como el resto de los niños, aunque jugara con ellos o tuviera mis amigos, su forma de ser no terminaba de encajar, al estar cerca de las chicas, eso me daba una ventaja, tenía más opciones de ligar con ellas, y como no me veían muy atractivo por mis gafas o por ser delgadito, empecé a desarrollar mi potencial seductor con el humor.

Eso también me ayudó a ser más extrovertido y divertido.

Aún así, me preocupaba el no verme como los demás chicos, quizás hasta me hacía sentir inferior a ellos y mi autoestima viril se veía afectada.

De una u otra manera, yo tenía que retroalimentarme de alguna forma.

Era cuestión de supervivencia, o eras líder, o tu apellido sonaba, o no eras nada, cosa que por amor propio o de forma inconsciente no estaba dispuesto a asumir.

Ahí fue donde yo empecé verdaderamente a analizar los comportamientos de las personas de mi alrededor, los resultados que obtenían y qué podía hacer yo para estar en una buena posición sin llegar a ser como ellos, tenía que estar en un estado de neutralidad y ser aceptado por los dos bandos.

No fue fácil para mí, pero creo que lo conseguí.

Después de conocer las características de las personas PAS, ahora entiendo por qué siempre he rechazado y evitado ser como el resto de los hombres, siempre he querido ser diferente y que no me etiquetaran como uno más. Yo no me veía así, ni me veo como uno más.

Las actitudes y comportamientos de mis amigos o conocidos en cuanto a la forma de vivir la vida, con rivalidad, agresividad, machismo, y sobre todo la forma vejatoria con la que a lo largo de mi vida he escuchado cómo se habla de las mujeres, eso me repugnaba, me avergonzaba de ser hombre y ser catalogados todos iguales.

Nunca he estado de acuerdo, ni todos los hombres somos iguales ni todas las mujeres lo son. Son conceptos preestablecidos, creencias de nuestra sociedad, costumbres y patrones heredados.

Esta forma de ver las cosas me ha hecho ser diferente y me siento muy orgulloso de ello.

De esta manera fui forjando parte de mi forma de ser, junto a mis cualidades humanas y los valores con los que me educaron, un gran trabajo por parte de mis padres y mío personal.

Cuando entré en el mundo del crecimiento personal, la espiritualidad y la inteligencia emocional, fui descubriendo muchos aspectos y conocimientos del ser humano. Al principio me sonaba raro eso que escuchaba sobre que todas las personas tenemos un lado femenino y uno masculino, ahí empecé a identificarme con mi lado femenino, el cual, me decían que lo tenía más elevado de lo normal.

El famoso Yin y Yan, la dualidad, y otras tantas cosas me sonaban a chino, pero empecé a relacionarlas con mi vida y mi forma de ser, comencé a comprender muchas facetas y experiencias en ella. Ahora comprendía por qué yo era así, por qué siempre estaba rodeado de chicas y otros muchos enigmas que siempre rondaban por mi mente.

COMO CAÍDA DEL CIELO

Cuando llegó a mis oídos la palabra PAS, fue un gran descubrimiento, todo no basaba en que yo tuviera mi lado femenino más elevado, ahora había una explicación que anulaba gran parte de esa creencia.

Un día después de una conferencia que di en la Universidad de Murcia, en la cafetería me acerque a una compañera que estaba con otra persona, ellos me comentaron que hablaban de las personas PAS y me peguntaron si sabía algo sobre ese rasgo de personalidad, lógicamente contesté que no.

Al explicarme de qué iba, me sentí sorprendido, una emoción inundaba mi cuerpo, estaba encontrando en un momento respuestas a preguntas que no había sido capaz ni de plantearme a lo largo de mi vida.

Esa persona era Andrés, el presidente de la Asociación PAS de Murcia. Me invitó a unirme a ellos y a asistir a sus encuentros y charlas, fue una gran liberación encontrar personas como yo y empezar a conocer todos los matices de ese rasgo de personalidad.

Como soy muy inquieto, empecé a investigar y buscar información más completa y profunda, buscaba muchas más respuestas y las encontré.

Creé un grupo de Facebook titulado como este libro, SOY PAS. Conocí personas con las que compartir experiencias vividas, soluciones, herramientas y un sinfín de conocimientos para poder aplicarlos en mi vida. Todo era más sencillo de lo que parecía, la solución estaba sobre todo en saber por qué eres así, por qué actúas de esa manera y te emocionas con esa facilidad. Una vez descubierto el rasgo, todo empieza a mermar, ya no te haces tantas preguntas y ahora lo comprendes mejor todo, ya tienes en tus manos la mejor herramienta para lo que siempre creíste que era un problema.

Después de recopilar toda la información necesaria, y al dedicarme como coach en el acompañamiento de otras personas en sus procesos de cambio y mejora personal, decidí especializarme a nivel profesional para poder tratar a personas PAS en sus procesos personales. De ahí nace la idea de este libro que estás leyendo. Era también una buena manera de salir del armario de la alta sensibilidad.

Claro que hay personas que están en niveles diferentes, que cada una de ellas necesita un trabajo muy personalizado, todo el mundo no vive es rasgo de la misma manera, pues su intensidad es muy variable y cada cual tiene su forma de vivirlo, todo es muy condicionante, todo depende de experiencias propias, de sus fortalezas y debilidades. Dentro del la alta sensibilidad, hay características que afectan más a unos que a otros, el entorno, la educación, la familia, la infancia vivida y hasta el propio ADN. Todo influye.

Pero la mejor manera de poder acompañar a un PAS, es siendo PAS. Y si como profesional tienes las herramientas para ello, el éxito está más asegurado.

Yo había creado el método de Neoemoción para la gestión de las emociones, y esto venía ni que pintado para poder trabajar el rasgo, a la misma vez que me servía a mí, de todo y de todos se aprende; por lo que el beneficio también era para mí.

Jamás podría imaginar que mi vida iba a cambiar tanto, que me estaba sintiendo orgulloso de ser PAS y de poder ayudar a otras personas con ello. Lo que cambia la vida por el simple hecho de decidir ponerte en un lado u otro de la barra de una cafetería.

DAR A CONOCER EL RASGO

Una de la misiones de la asociación tanto a nivel de la región, como de otras a nivel nacional y mundial, es dar a conocer el rasgo PAS. El propósito, es que al menos ese 20% de personas que se estima que hay en el mundo, se enteren de que existe una forma de ser, un rasgo de personalidad que tiende a ser mucho más sensible, emocional y sensitivo que el resto de las personas. Lo ideal es que no sólo se enteren los PAS, sino también los no PAS, los profesionales de la educación, la sanidad y el acompañamiento humano, para así entre todos poder comprendernos mejor, aceptarnos y aceptar tal y como somos, simplemente, diferentes.

Un factor a tener en cuenta es que al desconocer el rasgo por parte de muchos profesionales de diferentes ámbitos, no se puede trabajar sobre él.

En la universidad cuando se estudia psicología no se toca, en la educación los docentes desconocen por qué una parte de sus alumnos son más sensibles o tímidos que el resto. A la hora de tratar con personas en cuanto a su comportamiento de personalidad, se llegan a diagnosticar a personas PAS como hipersensibles, hiperactivos, TDA o TDA-H, etc. Y tan sólo son personas altamente sensibles o sensitivas con problemas de gestión de sus emociones, percepciones, sobre estimulación sensorial y otros aspectos del rasgo, lo que conlleva a hacer un falso o erróneo diagnóstico, con lo que ello puede repercutir en la persona en muchos aspectos.

Por eso, la importancia de que el trabajo de difusión del rasgo sea tan importante. A nivel personal estoy dando conferencias, talleres y participaciones en diferentes actividades donde ese sea el propósito y así ayudar a otras personas a descubrir algo tan maravilloso como tener el don de ser PAS.

Recuerdo en una reunión con el profesor de inglés de mi hija, que no duró más de treinta minutos y donde las palabras "Tímida" y "Vergonzosa", salieron en más de 12 ocasiones. ¿Realmente es tímida o vergonzosa? o puede ser que en determinadas situaciones no sabe cómo afrontar su emoción o inseguridad ante la experiencia que está viviendo.

¿Está la timidez, la vergüenza, o la introversión, directamente relacionada con el rasgo de la alta sensibilidad?

Claro que lo está, pero esa relación no es concluyente, sino conductual en situaciones determinadas.

El 70% de las personas PAS son introvertidas y el otro 30% son extrovertidas, eso no implica que a lo largo del tiempo podamos ir cambiando de bando según nuestra experiencia en la vida, nuestro trabajo, las relaciones, amistades, etc.

Así mismo, podemos ser introvertidos para una cosa y extrovertidos para otra, todo dependerá de la situación que estemos viviendo o incluso de nuestro estado emocional, personal, nuestra autoestima o seguridad en uno mismo, la cual, trabajando en estos factores se puede cambiar esa forma de actuar al repetir la experiencia.

Otro factor importante por el que difundir el rasgo es fundamental, es en cuanto a nuestras relaciones. Si nosotros podemos entender cómo somos con claridad, podremos explicárselo a otras personas para que puedan saber cómo actuar con nosotros y por supuesto, nosotros con ellos.

EL ORIGEN

La Sensibilidad de Procesamiento Sensorial es el término científico acuñado para agrupar todas las investigaciones y estudios relacionados con la sensibilidad sensorial y su procesamiento. De forma popular la psicóloga e investigadora americana Elaine Aron utilizó las siglas HSP (Highly Sensitive Person) en su best seller para nombrar a las personas que poseían este rasgo. De la misma manera la propia Elaine Aron recomienda la denominación SPS (Sensory Processing Sensitivity) en la traducción al español Sensibilidad de Procesamiento Sensorial como nomenclatura científica. Muchos estudios referidos a la alta sensibilidad de procesamiento se refieren a esta característica o rasgo a través de esta denominación. Por tanto, se recomienda a los equipos de investigación y profesionales de la biología, psicología, medicina, etc. que utilicen este nombre para definir el estudio y para la búsqueda de material e investigaciones llevadas a cabo sobre este objeto de estudio.

Son numerosos los estudios que se pueden relacionar con este rasgo y que se han asociado a la timidez, introversión, respuesta sensorial, etc. En el campo de la biología los estudios realizados por Stephen J. Suomi al igual que otros muchos investigadores ha dado lugar al descubrimiento que engloba hasta 100 especies diferentes de animales cuya población contendría entre un 15 y un 20% de individuos caracterizados por una mayor reactividad a los estímulos sensoriales y un mayor procesamiento de éstos.

El término PAS, personas altamente sensibles o sensitivas sería la manera más informal de denominar este atributo genético que poseen según los estudios un importante porcentaje de las personas, aunque seguirían formando parte de una minoría, extensa pero una minoría. Aunque las investigaciones de la Dra. Elaine Aron se inician en la década de los 90s, existen anteriores estudios que hablan de esta característica innata aunque con otra denominación científica. Si está orientando alguna investigación le recomendamos tomar en cuenta la sensibilidad de procesamiento sensorial como punto de partida o como concepto a tener en cuenta.

¿QUÉ ES LA ALTA SENSIBILIDAD?

La alta sensibilidad es un rasgo que tiene de un 15 a un 20% de la población, y está también presente en otras especies del reino animal. Tiene una base genética y, por lo tanto, es innato. Se da en el mismo porcentaje de hombres que de mujeres. Es un rasgo de la personalidad y, por ende, es neutro. Tiene sus ventajas y sus desventajas desde el punto de vista biológico, y sus dificultades y dones desde el punto de vista más vital. No es un trastorno.

Elaine Aron, psicóloga clínica estadounidense, fue quien habló por primera vez de 'alta sensibilidad' a principios de los noventa; y publicó su libro, 'The Highly Sensitive Person', en 1996. Es a partir de ahí, y sobre todo a partir del 2000, que empezaron a realizarse algunos estudios que han demostrado que el sistema nervioso de las personas altamente sensibles, realmente funciona distinto al del resto de la población.

Según Aron, hay 4 características comunes en las personas altamente sensibles:

- Mayor profundidad de procesamiento de la información que llega del exterior. ¿Qué significa esto? Pues que ante un estímulo determinado, solemos compararlo con otros estímulos pasados o similares más de lo que lo hace una persona que no es PAS. Lo hacemos de forma automática y sin darnos cuenta. Esto hace que también 'rumiemos' más al tomar decisiones, y por lo general le demos más vueltas a las cosas.

Al realizar resonancias magnéticas funcionales, se detecta que, por ejemplo, en las personas altamente sensibles, ante ciertos estímulos, y sobre todo ante estímulos emocionales (como, por ejemplo, fotos de gente alegre o triste), se activan más algunas áreas cerebrales de lo que lo hacen en personas que no son altamente sensibles. También se activan áreas adicionales que no se activan en personas no PAS, sobre todo las relacionadas con las neuronas espejo.

• Sobreestimulación. Al procesar más a fondo la información que recibimos del exterior, nos solemos sobreestimular con más facilidad que alguien que no es altamente sensible.

En psicología se habla a veces del 'nivel óptimo de activación', que es aquel en el que una persona tiene la atención óptima para realizar una tarea, y se sitúa entre el aburrimiento y el estrés. Las personas altamente sensibles solemos llegar a este nivel ante un grado menor de estimulación que una persona que no es PAS.

Esto conlleva que nos saturemos con más facilidad, sobre todo si queremos mantener el mismo nivel de actividad y ritmo de vida que dicta el 'status quo'. No obstante, cuando conocemos y respetamos nuestros ritmos, las personas altamente sensibles tenemos el mismo potencial que cualquier otra persona, sin que esto perjudique a nuestra salud.

• Alta sensibilidad emocional y empatía. Somos más sensibles emocionalmente; tenemos una mayor reactividad emocional, tanto ante situaciones positivas como negativas. Es decir, que lo vivimos todo más intensamente. También tenemos más facilidad para empatizar a nivel emocional.

- Sensibilidad sensorial. Percibimos más intensamente olores, luces, ruidos, etc. No se trata de que nuestros sentidos estén más agudizados... Todo deriva de la profundidad de procesamiento a nivel neurosensorial.

Por lo general, en las personas altamente sensibles se dan más habitualmente intolerancias alimentarias, problemas de piel... y en general, hay más sensibilidad en las 'barreras corporales' que separan nuestro cuerpo del exterior, como piel y mucosas interiores. También tenemos más sensibilidad al dolor y a ciertas sustancias y medicamentos. No obstante, así como ya empieza a haber estudios que confirman una mayor profundidad de procesamiento a nivel neurológico, todavía no hay literatura científica (o yo no la he encontrado) que confirme esta faceta en las PAS, aunque es algo que se observa habitualmente.

A nivel práctico, ¿cómo suele afectarnos esto?

- Percibimos más los detalles. Solemos ser muy observadores y captamos muchos detalles. Esto, junto a la profundidad de procesamiento, nos ayuda a ser intuitivos.

- Por lo general, le damos vueltas a las cosas. Hipotetizamos sobre distintas situaciones que puedan acontecer, tanto en negativo como en positivo. Imaginamos posibles futuros. Esto también tiene relación con el miedo a los cambios, ya que imaginamos 'todo lo que puede pasar'.

- Nos saturamos con más facilidad que alguien que no es PAS. Necesitamos períodos de descanso, en soledad o en un entorno tranquilo, para procesar vivencias, volver a nuestro centro y recargar pilas. Esto es más acusado si somos introvertidos, pero las PAS extrovertidas también necesitan de estos períodos.

- Al saturarnos con más facilidad, somos más vulnerables al estrés y al cansancio. No obstante, cuando empezamos a conocer y respetar nuestros propios procesos, somos capaces de desplegar un gran potencial. La clave está en respetar nuestros propios ritmos. Una PAS saturada está en modo supervivencia.

- Nos emocionamos con más facilidad, para lo bueno y para lo malo. Vivimos con más intensidad y reconocemos muchos matices emocionales. Y sí, lloramos con más facilidad (ante la tristeza, y también ante la alegría).

- Tenemos una alta empatía emocional (una alta capacidad de ponernos, emocionalmente, en el lugar del otro). Por ello, a veces corremos el riesgo de caer en la sobreempatía (ahogarnos en el sufrimiento ajeno).

- Percibimos con más intensidad (y, a veces, nos molestan más) olores, ruidos, luces, las etiquetas de la ropa que rozan la piel, etc.

- Nos asustamos con más facilidad.

- Somos más "permeables", sobre todo en la infancia. Es lo que se conoce como 'susceptabilidad diferencial y maleabilidad'. Las situaciones negativas suelen afectarnos más, pero las situaciones positivas también nos benefician.

- Solemos ser creativos e intuitivos, incluso visionarios. En algunas personas, esta faceta no se 'activa' hasta que se integra el rasgo; aceptando, entendiendo, respetando y fluyendo con la propia naturaleza altamente sensible. Entonces la capacidad creativa e intuitiva florece.

- Tenemos una gran capacidad de asombro ante la belleza; sensibilidad estética.

Aunque un 70% de las personas altamente sensibles somos introvertidas, un 30% son extrovertidas. Actualmente, también se empieza a hablar de ambiversión. Hay un rango tremendo en la escala introversión – extroversión. Todos somos distintos.

Fuente de este capítulo: orientacionandujar.es

LOS CUATRO PILARES BÁSICOS

1.- La persona altamente sensible difícilmente puede remediar su tendencia a procesar toda la información recibida de una manera intensa y profunda, por lo que suele reflexionar mucho sobre los temas en general y dar muchas vueltas para una mayor comprensión.

2.- La persona altamente sensible puede llegar a saturarse y sentirse sobreestimulada cuando tiene que procesar a la vez mucha información (sensorial y emocional). Ésta característica es comprensible debido a que la persona PAS posee un sistema neuro-sensorial más fino de lo normal, por lo que la cantidad de información que recibe es mucho mayor que la de una persona que no es PAS.

3.- La persona altamente sensible vive la vida con mucha emocionalidad, se emociona con facilidad ante situaciones y sensaciones. Su manera de experimentar la felicidad, tristeza, alegría, injusticia, etc. es muy intensa y va ligada a una fuerte empatía, una característica que también forma parte del rasgo de la alta sensibilidad.

4.- La persona altamente sensible tiene una elevada sensibilidad, no solamente en cuanto a los cinco sentidos (vista, tacto, oído, gusto, olfato), sino también de cara a sutilezas como pequeños cambios en el entorno o en el estado emocional de las personas que tiene a su alrededor.

LOS TEST

Aquí te dejo dos tipos de test, uno para adultos y otro para niños, muchas personas lo han hecho y no necesitan saber ningún tipo de valoración o puntuación para determinar claramente que son personas altamente sensibles. En cada pregunta, en cada respuesta, te vas viendo reflejado o reflejada, estás apreciando y analizando cada experiencia vivida y es como si en un espejo te estuvieses mirando, directamente te sientes PAS o no.

Contesta a estas preguntas con un Si, No o Regular. Ve apuntando las respuestas que tienes de cada, y cuando termines suma cada resultado.

- Soy una persona muy intuitiva.
- Empatizo mucho con los demás.
- Me cuesta decir NO.
- La solidaridad es uno de mis valores principales.
- Me enamoro con mucha facilidad.

- No me gustan las películas violentas o de miedo.
- Me suelo emocionar o lloro con determinados tipos de películas y canciones.
- Soy muy sensible al dolor.
- Disfruto de los buenos olores, esencias, sabores, etc.
- Los efectos de la cafeína no me hacen muy bien.
- No soporto los olores demasiado fuertes.
- En mi infancia me solían ver como una persona sensible o tímida.
- Cuando tengo un día muy agobiado, suelo buscar un espacio para relajarme o evadirme.
- Si hay mucho ajetreo o aglomeraciones a mi alrededor, no me encuentro bien.
- Suelo adecuar mi vida de tal manera que pueda minimizar situaciones perturbadoras.
- Me suelo comportar de forma introvertida.
- Me da inseguridad, vergüenza y nervios realizar alguna actividad en la que tengo que competir o me observan otras personas.

- Si alguna persona no está a gusto en un entorno determinado, tengo claro lo que hay que hacer que se sienta mejor.
- Procuro ser una persona responsable.
- Soy una persona muy creativa.
- Evito a toda costa las noticias de desastres, violencia, injusticias, etc.
- Me conmocionan y alteran los cambios importantes en mi vida.
- La actitud y comportamiento de otras personas me afecta.
- Me afectan con mucha facilidad mis emociones.
- Percibo las emociones de otras personas como mías.
- Me percato de muchos detalles y cosas muy sutiles que hay a mi alrededor.
- No soporto algunos tejidos y las etiquetas de la ropa.
- Me molestan las luces demasiado brillantes.
- Los ruidos como las sirenas de policía o ambulancias, los estridentes o demasiado fuertes me incomodan.
- Cuido mucho mi vida interior.

- Me conmueve y atraen las obras de artes, la música, la literatura, el cine y todo lo relacionado con la creatividad.
- Me preocupo con cierta facilidad.
- Me agobio cuando tengo muchas cosas que hacer en poco tiempo o a la vez.
- Suelo trabajar muy bien en equipo.
- Para mi desarrollo profesional busco profesiones independientes, espacios tranquilos o trabajos donde sienta que aporto algo, sobre todo a las personas.
- Disfruto de la naturaleza y los animales.
- Suelo ser muy perfeccionista.
- Suelo escuchar más allá de las palabras.
- La vida y mi forma de ser me han convertido en una persona extrovertida.
- No suelo ser una persona comprendida en mis relaciones de pareja.
-

Si tienes más de 25 respuestas entre afirmativas y regular, probablemente seas una persona PAS.

Si tienes más de 35 respuestas entre afirmativas y regular, casi con toda seguridad que eres una persona PAS.

Este test modificado y ampliado, está basado en el creado por Elaine Aron, puedes visitar su página o la de APASE, donde lo podrás ver.

NIÑOS PAS

Quiero compartir esté artículo sobre los niños PAS que me pareció muy interesante:

En la actualidad, y en vista de la amplia información y repercusión que alza el tema de la sensibilidad, es importante que seamos capaces de identificar a los niños con este tipo de personalidad. Educar no es tarea fácil, pero aún lo es más llevarlo a cabo con un niño que desde una edad muy temprana se intuye a sí mismo como diferente. Te damos unas sencillas estrategias para conseguirlo.

Para algunos padres pueden ser complicados, "se quejan mucho, preguntan mucho". Sin embargo, en un aula, un niño altamente sensible no llama la atención, no es problemático ni tendrá la oportunidad que se le pase un test para reconocer sus capacidades, su intuición, su sensibilidad.

La alta sensibilidad no encaja demasiado en las sociedades modernas. No le gusta competir, no le gusta la inmediatez ni el rumor de las masas. A los niños altamente sensibles les gusta jugar con las estrellas, meditar con la música, pasear en soledad... Es tarea de los padres y de las madres reconocer también los rasgos de la alta sensibilidad en sus hijos. No buscamos en absoluto corregir sus comportamientos o "normalizarlos". En absoluto. Pero al menos, identificarlos para poder ayudarles y comprenderlos.

Es necesario reconocerlos para ofrecerles pautas, para que sepan a qué se deben esas incongruencias que pueden sentir en el día a día. Verán por ejemplo, que son mucho más maduros que sus propios amigos, y que el mundo en ocasiones, parece desafinado y guiado por un egoísmo extremo.

Debemos guiar, atender, comunicar, escuchar, transmitirles nuestro apoyo y calidez... Pero antes es importante saber identificar a los niños altamente sensibles y cuáles son las características que mejor los definen. A continuación, te explicamos cómo.

La alta sensibilidad se traduce también en sensibilidad física. Su umbral del dolor es más bajo, hasta el roce de la ropa puede hacerle daño al niño.

Siendo bebés, suelen llorar a menudo al escuchar ruidos fuertes.

Son niños muy maduros, y ello se advierte en la profundidad de sus preguntas.

Intuyen el estado de ánimo de los adultos. Se fijan en las expresiones, en los gestos.

Esta madurez personal hace que se sientan diferentes a sus compañeros de clase.

Está atento a los detalles del día a día.

Debemos tener claro que ser altamente sensible no significa ser introvertido, aunque disfrutan estando solos.

Sienten pasión por la música, el arte, la naturaleza

Se interesan por problemas sociales.

Se sienten heridos con facilidad, cualquier palabra o mal gesto les afecta gravemente.

No debemos convertir a un niño en lo que no es, ni aún menos intentar "normalizarlo". Hay que aceptar sus características y hacerle ver que sentir la vida con esa intensidad no es una desgracia sino un don. El mundo tiene matices únicos que sólo él puede ver. Hazle ver que el mundo es un lugar seguro. Si él se siente bien consigo mismo la vida brillará para él porque tiene luz, porque es especial y lo bastante fuerte como para hacer frente a la adversidad.

Refuerza su autoestima, confía en él, dale autonomía mediante el refuerzo positivo y la validación. Demuéstrale que su capacidad le puede permitir hacer cualquier cosa, que contiene un gran número de cualidades y potencialidades. Desarrolla su sentimiento de autoeficacia.

Prepárales para la adversidad. Sabemos que son sólo niños, pero también somos conscientes que se dan cuenta de muchas más cosas que el resto. Sienten en mayor grado los desprecios, los egoísmos, los silencios y los malos gestos. Esto es algo que vamos a tener que trabajar cada día, y lo podemos hacer a través de la Inteligencia Emocional:

Si los demás no actúan como yo no significa que no me quieran o no me acepten. Ellos sienten de otra forma que no es ni mejor ni peor. Sólo diferente.

Es importante que aprendan a gestionar la frustración, la tristeza, los desengaños. A lo largo de su vida experimentarán más de una decepción, sufrirán, y todas esas emociones los desbordarán.

Es importante que aprendan lo antes posible a gestionar estas dimensiones.

Cuando los niños altamente sensibles hayan descubierto su auténtico ser, el equilibrio llegará día a día a sus vidas. Entonces, serán personas auténticas, maduras y felices por vivir la vida desde el corazón. Por tener luz propia.

Fuente de este capítulo: lamenteesmaravillosa.com

Los niños son el pilar de nuestra sociedad, cada día, cada generación está cambiando algo sustancial en cuando a los niños, son especiales y cada día lo serán más, por eso, los adultos tenemos una gran misión en sus vidas, debemos ser ejemplo, ellos nos observan, aprenden de nosotros y su vida será más o menos condicionada o limitada con arreglo a como sean educados y al entorno o sociedad que les dejemos como herencia. Una responsabilidad que en estos momentos está en nuestras manos.

¿Cómo es el niño Altamente Sensible en el medio escolar?

La vida de un niño Altamente Sensible no es fácil. Su integración en el medio escolar suele ser complicada debido a esta sensibilidad que tanto sus compañeros, como los profesores, van a ver de inmediato: no le gustan las sorpresas ni los cambios, prefiere la calma al movimiento, su nivel madurativo en ocasiones es tan diferente de los otros niños, que siempre encontrará dificultades para encajar, es reflexivo e intuitivo, notará aspectos de su realidad que pocos a su alrededor serán capaces de apreciar: la forma de un árbol dando quizá tenebrosidad al patio del colegio, un pájaro que vuela en solitario por el cielo, o incluso la expresión del maestro que le da la clase de música esa mañana...

Los educadores afirman que se les debe poder identificar de forma temprana para lograr su correcta integración escolar, ya que en ocasiones, muchos maestros se sienten cansados por esos niños que les asaltan continuamente a preguntas y a complejas reflexiones para las cuales, en ocasiones, no tienen tiempo de atender.

Esto hace que estos niños lleguen a la adolescencia con una autoimagen negativa, sabiendo que poseen un talento que nadie ha sabido apreciar ni valorar. Hay que saber conocerlos y apreciarlos, dejar que desarrollen sus capacidades e inquietudes para que primero, logren conocerse a sí mismos para entender qué les ocurre y cómo pueden gestionar esa sensibilidad en propio beneficio y en el de los demás. Hay que ponerles metas, objetivos, atender sus preguntas, sus razonamientos, darles respuesta y comprensión.

Fuente de este capítulo: orientacionandujar.es

TEST PARA NIÑOS PAS

Ya es más habitual oír hablar de las personas altamente sensibles, que sienten la realidad con mayor intensidad, con una cercanía emocional hacia su medio exterior, que en ocasiones, prefiere buscar la soledad y su propia introspección. Pero ¿Y los niños? ¿Cómo es la infancia de las personas altamente sensibles?

Cómo conocer la Alta Sensibilidad en los niños.

El niño/a…

- Se asusta con facilidad
- Se suele quejar de ropa que le molesta, costuras en calcetines, tejidos ásperos o etiquetas que irritan la piel
- Las grandes sorpresas no le suelen gustar
- Aprende más de una corrección suave que de un severo castigo (llora si se le chilla)
- Parece leer los pensamientos de la gente
- Utiliza palabras maduras para su edad
- Percibe el más mínimo olor inusual

- Tiene un agudo/particular sentido de humor
- Parece ser muy intuitivo
- Después de un día ajetreado le cuesta dormirse
- Le cuestan los grandes cambios (mudanza, nuevo cole, separación, nuevo hermanito...)
- Quiere cambiarse de ropa cuando lo que lleva está mojado o tiene arena
- No para de hacer preguntas
- Es perfeccionista
- Perciba la tristeza/el dolor de otros
- Prefiere juegos tranquilos o estar con un libro
- Hace preguntas profundas que requieren reflexión
- Es muy sensible al dolor (quejica)
- No se siente a gusto en lugares con mucho ruido.
- Percibe cambios sutiles (un peinado nuevo, pendientes/zapatos/"algo" nuevo o diferente)
- Antes de pegar un salto mira primero si no hay peligro/riesgo
- Funciona mejor en presencia de gente conocida
- Se bloquea cuando todo el mundo le mira (por ejemplo salir a la pizarra)
- Siente las cosas con mucha profundidad

- Le cuesta mucho reconocer/mantener sus límites
- Puede tener un problema "de concentración" (sobrecarga de información)
- Demuestra un gran amor hacia los animales y la naturaleza
- Suele tener amiguitos imaginarios
- Cuando está saturado puede rechazar caricias
- Demuestra estrés o ansiedad ante exámenes

Existe una variante de niño extrovertido:

Niño inquieto, muy activo, alborotado, continuamente buscando límites (no obedece, muy travieso, el típico niño popular de la clase) para luego "colapsar" por agotamiento.

Test del libro de Elaine Aron: The Highly Sensitive Child, con algunos matices por parte de Karina Zegers.

HOMBRES PAS
SALIR DEL ARMARIO DE LA ALTA SENSIBI-
LIDAD

Los Hombres Sensibles podemos salvar el planeta.

A la mayoría de los niños desde una edad temprana se les enseña a actuar duro y reprimir sus emociones. Según el autor William Pollock, cuando los muchachos no se ajustan a la "código niño" y en su lugar muestran su ternura y emociones, suelen ser condenados al ostracismo y humillados.

En particular, los niños sensibles aprenden a negar su verdadero yo con el fin de ser aceptados y aprobados por sus compañeros. Esta negación puede crear miedo, ansiedad y baja autoestima.

El autor Pablo Kivel ha escrito que los niños se ponen dentro de una caja que dice "actúa como un hombre", lo que significa que tienen que ser agresivos, duros, fuertes, en control y activos. Siempre que los hombres salen de esa caja, son humillados.

En su libro, "Criando a Caín", los autores Dan Kindlon y Michael Thompson dicen que si los niños expresan las emociones como el miedo, la ansiedad o la tristeza, son vistos comúnmente como femeninos, y tanto los adultos como otros niños los tratan como si estas emociones fueran anormales para un niño.

Por el contrario, las niñas que expresan sus emociones están cumpliendo con las expectativas de los demás, lo que en realidad las ayuda a ser más aceptadas por otras chicas.

Los hombres aprenden a reprimir todas sus emociones excepto el enojo.

Dadas nuestras normas sociales, parece ser una sorpresa que los niños recién nacidos sean en realidad emocionalmente más reactivos que las niñas. Un estudio mostró que los bebés lloran más que las bebés cuando están frustrados; sin embargo, a la edad de cinco años, la mayoría de los niños suprimen todos sus sentimientos, excepto la ira.

Sin embargo, a pesar de se les ha enseñado a mantener el control emocional, en situaciones de carga emocional, el medir su frecuencia cardiaca o la conducción de la piel (manos sudorosas) demuestra que no hay ninguna diferencia entre la respuesta de los niños y las niñas Los niños tienen las mismas necesidades humanas como las niñas.

Por ejemplo, una educadora que da la bienvenida cada día con abrazos a sus estudiantes, tiene un efecto calmante en los niños que se encuentren perturbados ya que todos los niños tienen una necesidad básica de ser amados, cuidados y respetados.

Cuando los hombres actúan agresivamente o guardan silencio, se acepta como algo normal; cuando expresan niveles normales de miedo, ansiedad y tristeza (se consideran emociones "femeninas"), otros los tratan como anormales. El efecto de tener que ajustarse y llevar una máscara de tipo duro crea un sufrimiento tanto a nivel personal como social y es especialmente devastador para el hombre sensible, que tiene que esforzarse más que el hombre promedio a reprimir sus emociones.

El Comportamiento violento puede provenir del temor de comportarse de manera agresiva lo suficiente y puede ser considerados como femenino. El comportamiento que se asocia con las niñas (acciones que demuestran empatía, sensibilidad, compasión, etc.) también es natural en la población masculina, simplemente no se reconoce como tal en muchas sociedades.

Los antropólogos han demostrado que en ciertas culturas este comportamiento masculino es inexistente, como en los Semoi de Malasia. Asimismo, el Hutterite Brethen, el grupo cristiano comunitario más grande y exitoso en los Estados Unidos, llevan más de 350 años sin un asesinato. Podemos inferir entonces que la violencia no es natural para los hombres, sino que es un comportamiento aprendido.

¿Qué es la masculinidad?

Muchos hombres se sienten incómodos cuando discuten sobre la sensibilidad masculina, ya que esta característica se ha interpretado como algo femenino. En nuestra cultura, se separa estrictamente lo que es masculino y lo femenino, por lo tanto si algo se acerca mucho a lo probablemente sienta como una amenaza hacia la virilidad construida del hombre.

Muchos hombres están destruyendo sus vidas con tal de sentirse "varoniles," aunque no estén actuando como verdaderos hombres; más bien, están realizando una distorsión de un estereotipo cultural. Al renegar de su lado sensible, muchos hombres se convierten en la mitad de una persona.

La parte masculina agresiva, no emocional, tiene que aprender a imitar el comportamiento de la parte compasiva masculina, emocionalmente sensible y convertirse en un ser completo al reconocer y honrar a cada uno de sus cualidades humanas en lugar de segregarlas más.

Uno de los aspectos más inquietantes del "código masculino" es la idea rígida de que los hombres no deben llorar o expresar miedo. El efecto devastador al reprimir las emociones se demuestra en los índices de depresión y suicidios masculinos. Susan Nolen-Hoeksema en la Universidad de Stanford, encontró que los niños de ocho a doce años de edad están significativamente más deprimidos que las niñas. Incluso los hombres sensibles evitan llorar.

Si bien la investigación del Dr. Elaine Aron, autora de La Persona Altamente Sensible, muestra que tener el rasgo de la sensibilidad se divide de igual manera tanto en los hombres como en las mujeres. La única área donde las mujeres sensibles puntuaron significativamente más alto que los hombres sensibles estaba en la declaración: "Yo lloro con facilidad".

A los hombres también se les enseña que es un signo de debilidad para pedir ayuda. Esto es consecuencia lógica de la presión para suprimir las emociones negativas, además de la ira; después de todo, si no se supone que tienen emociones angustiantes, ¿por qué necesitan ayuda? El resultado es que muchos hombres sufren en silencio, lo que puede tener efectos terribles para un hombre en sus relaciones, carrera, y salud.

Hace poco leí la siguiente cita en mi hospital local de la Administración de los Veteranos: "Toma el valor y la fuerza de un guerrero para pedir ayuda. Si usted está en crisis emocional, entra en contacto con la administración del hospital. "Un hombre de verdad tiene que utilizar su fuerza interior para poder arrojar los mensajes captados por años de los medios de comunicación, los familiares, y el lavado de cerebro de la sociedad con el fin de ser capaces de expresar sus emociones y vulnerabilidad.

El Hombre, las Emociones y la supervivencia del planeta. La represión de las Emociones y la sensibilidad tienen efectos devastadores en los hombres y las personas que los aman. Pero esta expectativa también tiene consecuencias terribles para el mundo en general. Los hombres que reprimen sus emociones han creado un planeta al borde de la catástrofe, ya que muchos líderes masculinos mundiales se comportan de una manera belicosa y combativa en lugar de exhibir un comportamiento compasivo y cooperativa.

Nos encontramos en un momento crucial para el planeta en el que nuestros líderes políticos pueden o bien seguir actuando de una manera insensible y beligerante, con el riesgo de destruir a la humanidad, o elegir un nuevo enfoque de colaboración, con otra comprensión de la política exterior, económica y ambiental. Al abrazar la diversidad de experiencias, incluyendo la sensibilidad masculina se puede marcar el comienzo de una nueva era de paz en el mundo.

Para que una sociedad funcione a un nivel óptimo, tiene que haber un equilibrio entre el hombre sensible y los estilos masculinos no sensibles. Creo que los hombres sensibles pueden funcionar en casi cualquier ocupación, siempre y cuando lo hagan a su manera, cuidadosamente y sin agresión innecesaria. Aunque la mayoría de los hombres no sensibles se encontrarán entre los soldados y los jefes ejecutivos de las grandes corporaciones; los hombres sensibles serán más a menudo consejeros, artistas y curadores.

El punto es, que las sociedades que en última instancia tienen éxito y prosperan son las que honran tanto a los guerreros agresivos como a los asesores sensibles. El hombre sensible tiene una importante misión, que consiste en equilibrar el comportamiento agresivo de algunos hombres no sensibles que tratan a los seres humanos, los animales y la madre naturaleza de una manera cruel.

Mientras que los hombres sensibles pueden no ser los guerreros que luchan en campos de batalla extranjeros, sus batallas tienen mucho coraje. Se necesita fuerza y mucho ánimo para luchar por defender la justicia en la sociedad. La paz personal y mundial sólo puede lograrse a través de la resurrección de los héroes masculinos tales como Jesús, Buda, el Dalai Lama, Mahatma Gandhi y Martin Luther King, Jr. Se necesita un hombre fuerte para decir la verdad acerca de la moralidad, la virtud y la justicia como estos grandes líderes espirituales han hecho.

Ha llegado el momento de romper el código masculino obsoleto y rígido que insiste en que todos los hombres deben ser agresivos, de piel gruesa, y sin emociones.

Mientras más hombres sensibles se vuelvan más confiados y seguros de sí mismos, estarán facultados para ayudar a crear un planeta más pacífico y saludable donde todos los hombres eventualmente se convertirán plenamente en los seres humanos que muestran sensibilidad, compasión, y vulnerabilidad.

Fuente de este capítulo: Ted Zeff, Ph.D.

Como hombre PAS, puedo ratificar todo el contenido del artículo anterior, lo he vivido intensamente en mis carnes, si eres muy sensible, eres una nenaza, no te aceptan en el entorno del resto de amigos o compañeros, aunque no sea mi caso, te pueden llamar de todo y etiquetar de algo que realmente no eres, pero así te ven y catalogan; un lastre que tendrás que llevar el resto de tu vida si no encuentras la respuesta como algunos la hemos encontrado.

Cuesta integrarse en un entorno en el que ni te es de agrado ni te sientes aceptado, al final recurres a posicionarte donde estás más cómodo, y ese lugar es al lado de las mujeres.

Terminas una comida, estás en un cumpleaños, una celebración, una simple reunión, los hombres por un lado, hablando de futbol, deportes, mujeres o trabajo; por otro lado, las mujeres, hablando de mil cosas, y tú con ellas.

Yo he aprendido a sentirme cómodo, a no hacer caso de los comentarios, rechazos y incluso burlas; despliegas tus armas de supervivencia y a veces, tarde o temprano, llegas a ser hasta envidiado por la aceptación que tienes con las mujeres y que el resto de hombres no son capaces de entender.

Llega un momento en el que te da igual todo, la persona más importante del mundo eres tú, y ese es el valor que tienes que dar a tu vida.

Como bien digo, hemos venido a este mundo para ser felices y nadie te da la felicidad, por lo tanto, tómala tu mismo. La felicidad es no tener la necesidad de tener algo o a alguien para ser feliz.

Eres un diamante que brilla por sí mismo, no necesitas la luz de nadie, que te llamen loco o loca, pero sé feliz con tu locura.

Te comparto traducida al español otra de las canciones de mi adolescencia para que recuerdes que nadie ni nada puede apagar tu luz y que nunca dejes de brillar.

Búscala en internet y esc

– Pink Floyd - Shine on you crazy diamond

Sigue brillando, diamante loco.

Recuerda cuando eras joven

Brillabas como el sol

Sigue brillando, diamante loco

Ahora hay una mirada en tus ojos

Como agujeros negros en el cielo

Sigue brillando, diamante loco

Quedaste atrapado en el fuego cruzado

De la niñez y el estrellato

Levado por la brisa de acero

Adelante, tú, objetivo de risas lejanas

Adelante, tú, leyenda, tú, mártir

Y ¡brilla!

Perseguiste el secreto demasiado pronto

Y lloraste por la luna

Sigue brillando, diamante loco

Amenazado por las sombras de la noche

E indefenso en la luz

Sigue brillando, diamante loco

Dejaste de ser el bienvenido

Con precisión aleatoria

Cabalgando la brisa de acero

Adelante, tú, loco delirante y visionario

Adelante, tú, pintor, tú, gaitero, tú, prisionero

Y ¡brilla!

¿Cómo es la vida sentimental de los PAS en las relaciones de pareja?

Aunque en la segunda parte de las tres publicaciones que voy a editar sobre la alta sensibilidad, hable más intensamente de las parejas, no quiero terminar este libro sin dar unos matices sobre mi visión o experiencia vivida.

Soy Coach especializado en relaciones de pareja, no sólo por mi formación, sino también por los tres matrimonios y separaciones que llevo a mis espadas, mi experiencia y aprendizaje han hecho que la vida me haya facultado de alguna manera para poder contribuir y aportar a otras personas cuál es la mejor manera de relacionarnos con nuestra pareja sin necesidad de tener que cambiar de relación.

Todo esto aplicado a las personas PAS, creo que es una caja de bombas si no sabemos conjugar bien una relación entre un PAS y un no PAS.

La pregunta maestra sería:

¿Cuál es la pareja perfecta para una persona PAS?

Personalmente he estado con parejas sobre todo NO PAS, quizás ese ha sido el complemento que me faltaba, quizás eso ha sido lo que de forma inconsciente buscaba en ellas, quizás ellas buscaban un protector y yo a quién proteger. Pero para tener una buena relación con una persona no PAS hay que ser muy sumiso, y los PAS, independientemente de ser muy enamoradizos de dependientes, los somos.

Nos apegamos a la relación, a esa necesidad de ayudar, encontramos en la comprensión, la aceptación y el cariño que ofrecemos a los demás, aquello de lo que hemos carecido en nuestra infancia o a lo largo de nuestra vida.

Todas estas carencias y limitaciones, son las que queremos evitar en los demás, proporcionando bienestar para que la otra persona no sufra, y a veces ese afán solidario y esa empatía nos juega malas pasadas.

Nos olvidamos de nosotros mismos, nos cuesta decir "NO", con tal de que la otra persona no se enfade o nos abandone, pero eso no sólo es dañino para nosotros, sino también para la otra parte.

En el caso de los hombres, una mujer busca un hombre viril y protector, un hombre decidido y capaz de solucionar, un hombre impulsivo y decidido, y eso en un PAS es complicado encontrarlo en tu totalidad.

Por eso, tarde o temprano la mujer buscará el macho Alfa y abandonará al macho PAS Beta. Aunque tarde o temprano, echará en falta las cualidades del Beta.

Para mí, la pareja perfecta está en el equilibrio de dos PAS, seguido de un NO PAS y un PAS moderado.

Una persona extremadamente PAS sólo encontrará una buena relación con otro PAS moderado, pero posiblemente nunca con un NO PAS.

Lo habitual es que siempre busquemos aquello que nos complemente aunque a la larga, si no sabemos llevar bien la relación, eso nos pueda perjudicar. Dos personas no PAS, muy impulsivas, dominantes y poco asertivas es como una caja de dinamita que puede explotar en cualquier momento.

Dos personas muy PAS, -para poner otro símil-, es como 100 kilos de GOMA2, un explosivo que le puedes prender fuego, golpearlo, jugar con él como se de plastilina se tratara, si no hay un detonador, es totalmente inofensivo y nada lo hará reaccionar.

Por lo tanto y para concluir este apartado (de momento), un PAS necesita de alguna manera una pareja que le haga reaccionar y activarse, y un no PAS demasiado impulsivo y reactivo, necesita un PAS que le haga calmar en los momentos más eufóricos.

Esta es la primera de tres publicaciones en las que hablaré de diferentes aspectos del rasgo de personalidad PAS:

"EL DESCUBRIMIENTO" de ser PAS, mi autobiografía PAS, los test, los cuatro pilares fundamentales, las bases y características principales y el origen de la investigación y denominación.

La segunda parte será sobre:

"LOS ENTORNOS", la pareja, el trabajo, la familia, los roles y la gestión de las emociones.

Y la tercera se basará e incorporará:

"LAS HERRAMIENTAS" básicas para el día a día, cómo vivir y compartir el rasgo, etc...

Espero que te guste y te pueda ayudar.

Gracias

Roberto Montes

EDITORIAL

Una parte de los beneficios de la venta de este libro va destinado a fines benéficos y proyectos de la ONG Pequeños Corazones. Gracias por adquirir este libro, con ello contribuyes a hacer un mundo mejor, más consciente y solidario.